Table des Matières

I0500543

1.1 Présentation du Guide

Le Japon, avec son économie florissante et sa riche culture d'entreprise, est un terrain fertile pour les entrepreneurs audacieux et innovants. Que vous soyez un entrepreneur expérimenté cherchant à étendre vos horizons ou un débutant intrépide prêt à plonger dans le monde des affaires, le pays du Soleil Levant a quelque chose à offrir.

Pourquoi ce Guide a été créé ?
"Le Guide Japanzon: Entreprendre et Réussir au Japon" a été conçu avec une idée simple en tête : fournir un chemin clair et concis pour naviguer dans le paysage entrepreneurial complexe du Japon. Fort de mon expérience en tant que fondateur de Japanzon co ltd, j'ai réalisé que le chemin vers le succès était jonché d'obstacles imprévus et de surprises agréables. Ce guide est le résultat de ces enseignements, destiné à éclairer votre propre chemin.

À qui est destiné ce Guide ?
Ce livre s'adresse à une variété de lecteurs :

- Les entrepreneurs qui cherchent à démarrer une entreprise au Japon.
- Les propriétaires d'entreprises étrangères souhaitant comprendre le marché japonais.
- Les étudiants et les professionnels qui s'intéressent à la culture d'entreprise et aux opportunités au Japon.
- Quiconque nourrit une passion pour l'entrepreneuriat et souhaite explorer les nuances du paysage commercial japonais.

Que pouvez-vous espérer apprendre ?
À travers les pages de ce guide, vous découvrirez :

- Les étapes essentielles pour démarrer et gérer une entreprise au Japon.
- Les subtilités de la culture d'entreprise japonaise et comment naviguer dans les relations d'affaires.
- Des conseils pratiques sur la finance, le marketing, la vente, et bien plus encore.
- Des études de cas et des témoignages qui offrent un aperçu réel des défis et des triomphes.

En somme, ce guide vise à être votre compagnon de confiance dans votre voyage entrepreneurial au Japon, vous fournissant les outils et la sagesse nécessaires pour réussir dans ce marché dynamique et compétitif.

1.2 Votre Expérience Personnelle

Mon aventure entrepreneuriale au Japon a commencé en Octobre 2014, une décision audacieuse qui m'a conduit loin de mon foyer à Rouen, en France. Avec un mélange d'excitation et d'incertitude, je me suis lancé dans le défi de créer et de gérer ma société, Japanzon co ltd.

Les Succès :
Le chemin vers le succès n'a pas été sans obstacles, mais les victoires ont été d'autant plus douces. La croissance de Japanzon co ltd, la création de divers sites comme japanzon.com et cookingsan.com, et la reconnaissance dans l'industrie ont été des moments forts.

L'expansion de l'entreprise et la capacité à créer des emplois locaux sont des accomplissements dont je suis particulièrement fier.

Les Défis :
Naviguer dans le paysage des affaires au Japon a présenté son lot de défis. La barrière de la langue, comprendre les nuances culturelles, et se conformer à des régulations complexes ont été quelques-uns des obstacles que j'ai dû surmonter. Chaque défi a été une occasion d'apprendre et de grandir, et ces expériences sont devenues des leçons précieuses.

La Motivation pour écrire ce Guide :
Ce qui m'a poussé à écrire ce guide, c'est le désir de partager ces leçons avec d'autres qui pourraient emprunter un chemin similaire. J'ai compris que mes succès, mes erreurs, et mes découvertes pouvaient servir de feuille de route pour d'autres entrepreneurs. Plus qu'un simple récit de mon voyage, ce guide est une invitation à explorer, innover, et réussir au Japon.

En somme, mon expérience au Japon a été un voyage enrichissant et éducatif. J'espère que les enseignements tirés de mon aventure vous inspireront, vous guideront, et vous aideront à éviter certains des pièges que j'ai rencontrés en cours de route.

1.3 Entreprendre au Japon: Un Aperçu

Le Japon, troisième plus grande économie du monde, offre un terrain d'opportunités diverses et abondantes pour les entrepreneurs. Avec son marché sophistiqué et ses consommateurs exigeants, le paysage des affaires au Japon est à la fois alléchant et complexe.

Culture d'Entreprise :
La culture d'entreprise au Japon est fortement enracinée dans des valeurs telles que le respect, l'harmonie, la persévérance, et l'excellence. Les relations d'affaires sont souvent formalisées et basées sur la confiance mutuelle. Comprendre ces nuances culturelles est essentiel pour naviguer avec succès dans le monde des affaires japonais.

Le Marché :
Le marché japonais est connu pour son dynamisme et son innovation. Les consommateurs sont souvent ouverts à de nouveaux produits et technologies, mais attendent une qualité et un service impeccables. La concurrence est féroce, et une compréhension approfondie des besoins locaux est cruciale.

Réglementation :
Le Japon a un cadre réglementaire bien défini et robuste. Bien que cela assure la transparence et la fiabilité, cela peut aussi signifier que le démarrage et l'exploitation d'une entreprise impliquent de naviguer dans un labyrinthe de lois et de régulations. L'assistance d'experts locaux est souvent nécessaire.

Attraits et Difficultés :
L'attrait du Japon réside dans son marché stable, sa main-d'œuvre hautement qualifiée, sa technologie de pointe et son accès à l'Asie-Pacifique. Cependant, ces avantages sont contrebalancés par des défis tels que des coûts d'exploitation élevés, des barrières linguistiques et une bureaucratie rigide.

Conclusion :
Entreprendre au Japon est une aventure qui promet des récompenses

considérables pour ceux qui sont prêts à s'immerger dans la culture locale et à s'adapter aux complexités du marché. Bien que les défis soient nombreux, l'opportunité de réussir et de croître dans cet environnement unique est une perspective excitante pour les entrepreneurs de tous horizons.

1.4 Objectifs du Guide

"Le Guide Japanzon: Entreprendre et Réussir au Japon" n'est pas simplement un manuel; c'est une boussole conçue pour orienter et guider les entrepreneurs à travers le paysage unique des affaires au Japon. Les objectifs principaux du guide sont :

1. **Démystifier la Culture d'Entreprise au Japon :** Aider les lecteurs à comprendre les valeurs, les normes, et les pratiques commerciales qui régissent le monde des affaires au Japon.
2. **Fournir un Aperçu du Marché :** Offrir une analyse détaillée du marché japonais, y compris les opportunités, les tendances, et les spécificités locales.
3. **Naviguer dans la Réglementation :** Expliquer les lois et régulations pertinentes, et fournir des conseils sur la manière de les naviguer avec succès.
4. **Partager des Études de Cas et des Témoignages :** Présenter des exemples réels et des histoires de réussite pour inspirer et montrer ce qui est possible.
5. **Offrir des Conseils Pratiques :** Fournir des astuces, des stratégies, et des conseils pratiques sur tout, du démarrage d'une entreprise à la gestion quotidienne.

6. **Créer une Communauté :** Encourager l'interaction et le soutien entre les entrepreneurs au Japon, créant un réseau de personnes partageant les mêmes idées et les mêmes buts.
7. **Servir de Ressource Complète :** Faire de ce guide une ressource complète et fiable pour tout ce qui concerne l'entrepreneuriat au Japon, de la planification à l'exécution.

Comment ce Guide Peut Aider :
Ce guide est conçu comme un outil pratique pour ceux qui cherchent à démarrer et à gérer une entreprise au Japon. En suivant les conseils, les instructions, et les aperçus offerts, les lecteurs peuvent gagner en confiance, éviter les erreurs courantes, et créer une entreprise prospère dans un marché qui, bien que complexe, est incroyablement gratifiant.

En somme, "Le Guide Japanzon: Entreprendre et Réussir au Japon" aspire à être plus qu'un livre; c'est une main amicale tendue, un mentor expérimenté, et un compagnon fidèle dans le voyage entrepreneurial au Japon.

1.5 Comment Utiliser ce Guide

"Le Guide Japanzon: Entreprendre et Réussir au Japon" est conçu pour être aussi accessible que possible. Que vous soyez un entrepreneur aguerri cherchant à pénétrer le marché japonais ou un novice désireux de comprendre les bases, ce guide a quelque chose pour vous. Voici comment vous pouvez l'utiliser au mieux :

1. **Lisez de Manière Séquentielle :** Si vous êtes nouveau dans le domaine des affaires au Japon, il peut être bénéfique de lire le guide dans l'ordre, car chaque chapitre s'appuie sur le précédent.
2. **Consultez les Sections Spécifiques :** Pour ceux qui ont une expérience ou des besoins spécifiques, vous pouvez naviguer directement vers les chapitres ou sections qui vous intéressent. Chaque section est conçue pour être autonome.
3. **Utilisez-le Comme une Ressource de Référence :** Revenez souvent au guide lorsque vous rencontrez des défis ou des questions spécifiques dans votre voyage entrepreneurial. Il est conçu pour être un outil de référence constant.
4. **Engagez-vous Avec les Études de Cas :** Prenez le temps d'étudier les exemples réels et les témoignages partagés dans le guide. Ils offrent des aperçus précieux et pratiques.
5. **Profitez des Ressources Supplémentaires :** Le guide contient des liens vers des ressources en ligne, des contacts, et d'autres outils utiles. Utilisez-les pour approfondir votre compréhension.

Suggestions pour Différents Types de Lecteurs :

- **Pour les Débutants :** Commencez par les chapitres sur la culture d'entreprise, le marché, et les régulations pour comprendre les fondations.
- **Pour les Entrepreneurs Expérimentés :** Dirigez-vous vers les sections sur la stratégie, les études de cas, et les conseils avancés pour trouver des idées adaptées à vos besoins.
- **Pour les Investisseurs et Analystes :** Les aperçus du marché, les analyses de tendances, et les perspectives économiques peuvent offrir des informations cruciales.

"Le Guide Japanzon: Entreprendre et Réussir au Japon" est plus qu'un simple livre; c'est un compagnon de route dans votre aventure entrepreneuriale. Utilisez-le de la manière qui vous convient le mieux, et n'hésitez pas à y revenir encore et encore.

1.6 Remerciements

La réalisation de "Le Guide Japanzon: Entreprendre et Réussir au Japon" n'aurait pas été possible sans la contribution et le soutien de nombreuses personnes. Je tiens à exprimer ma gratitude sincère à tous ceux qui ont joué un rôle dans la création de ce guide.

Un remerciement particulier va à l'équipe de Japanzon, aux entrepreneurs et experts qui ont partagé leurs expériences, aux amis et à la famille pour leur encouragement, et à toute la communauté entrepreneuriale au Japon. Votre aide et votre inspiration ont été inestimables.

Merci à tous pour avoir rendu ce projet possible.

1.7 Un Mot d'Encouragement

Chers lecteurs,

Entreprendre au Japon représente une aventure unique, pleine de promesses et de possibilités. Certes, il y aura des défis à surmonter, des leçons à apprendre, et des obstacles à franchir. Mais sachez ceci : vous n'êtes pas seuls dans cette aventure.

"Le Guide Japanzon: Entreprendre et Réussir au Japon" est plus qu'un manuel; c'est un compagnon pour votre voyage entrepreneurial. Utilisez-le comme une source d'inspiration, un outil d'apprentissage, et une main tendue lorsque vous en avez besoin.

N'hésitez pas à rêver grand, à agir avec audace, et à poursuivre vos passions. Le Japon est un terreau fertile pour les innovateurs, les créateurs, et ceux qui osent. Et vous faites partie de ces personnes courageuses.

Alors allez de l'avant. Explorez, apprenez, créez et réussissez. Ce voyage vous appartient, et il est rempli de possibilités inexplorées. Embrassez-le avec confiance et enthousiasme. Votre succès ne se mesure pas seulement par ce que vous accomplissez, mais par ce que vous osez entreprendre.

Bonne chance dans cette aventure passionnante. Vous avez ce qu'il faut pour réussir. Et rappelez-vous : nous sommes là avec vous à chaque étape du chemin.

Avec toute mon encouragement et mes meilleurs vœux,

Dussailly Xavier

2. Démarrer une Entreprise au Japon

Il est formidable d'entendre que vous souhaitez démarrer une entreprise au Japon, surtout étant donné votre expérience avec Japanzon Co Ltd et vos autres sites. Le Japon offre de nombreuses opportunités pour les entrepreneurs, mais il est important de prendre en compte quelques points clés :

1. **Planification et Recherche** : Assurez-vous de faire une étude de marché approfondie pour comprendre les besoins et les préférences de votre public cible au Japon. Identifiez également la concurrence et les tendances du marché.
2. **Structure Légale** : Choisissez la structure juridique la plus adaptée à votre entreprise, comme une Kabushiki Kaisha (société par actions) ou une Gōdō Kaisha (société à responsabilité limitée). Il est également important de respecter les réglementations fiscales et commerciales du Japon.
3. **Localisation** : Sélectionnez soigneusement l'emplacement de votre entreprise, en tenant compte de la proximité des clients potentiels, des fournisseurs et des infrastructures nécessaires.
4. **Culture d'Entreprise** : Comprenez la culture d'entreprise japonaise, car elle peut influencer la manière dont vous interagissez avec vos clients, partenaires commerciaux et employés.
5. **Langue** : Bien que de nombreux Japonais parlent anglais, la maîtrise de la langue japonaise peut grandement faciliter les interactions commerciales et renforcer votre crédibilité.
6. **Marketing et Promotion** : Utilisez vos compétences et votre expérience pour créer une stratégie de marketing adaptée au marché japonais. La simplicité que vous appréciez peut être un atout dans la communication avec vos clients.
7. **Partenariats Locaux** : Établissez des partenariats avec des entreprises locales pour obtenir des informations précieuses et pour développer votre réseau.
8. **Finances** : Prévoyez un budget réaliste pour le démarrage et la gestion de votre entreprise. Assurez-vous d'avoir suffisamment de fonds pour les premiers mois, voire les premières années.

9. **Recrutement** : Si votre entreprise nécessite des employés, veillez à bien comprendre les réglementations en matière d'emploi et à trouver des talents qui partagent votre vision.
10. **Adaptabilité** : Restez ouvert aux ajustements et aux changements en fonction des retours d'expérience et de l'évolution du marché.

1 Planification et Recherche : Assurez-vous de faire une étude de marché approfondie pour comprendre les besoins et les préférences de votre public cible au Japon. Identifiez également la concurrence et les tendances du marché.

Absolument, la planification et la recherche approfondie sont essentielles pour réussir dans le démarrage d'une entreprise au Japon. Voici quelques étapes clés que vous pourriez envisager pour mener à bien cette étape cruciale :

1. **Définissez Votre Public Cible** : Identifiez clairement qui sont vos clients potentiels au Japon. Quels sont leurs besoins, leurs préférences et leurs comportements d'achat ?
2. **Analysez la Concurrence** : Examinez les entreprises similaires déjà établies au Japon. Quels sont leurs produits ou services ? Comment se positionnent-elles sur le marché ? Quelles sont leurs forces et leurs faiblesses ?
3. **Tendances du Marché** : Restez informé des tendances actuelles et émergentes dans votre secteur d'activité au Japon. Cela peut vous aider à anticiper les besoins futurs et à adapter votre offre en conséquence.

4. **Étude de Marché** : Menez des enquêtes, des entretiens ou des focus groups pour recueillir des informations directement auprès de votre public cible. Cela peut vous donner des informations précieuses sur leurs attentes et leurs préférences.
5. **Analyse SWOT** : Effectuez une analyse SWOT (forces, faiblesses, opportunités et menaces) pour évaluer votre position sur le marché japonais. Cela vous aidera à identifier les domaines dans lesquels vous pouvez exceller et les domaines où vous pourriez avoir besoin d'améliorations.
6. **Réglementations et Normes** : Assurez-vous de comprendre les réglementations commerciales, fiscales et légales spécifiques au Japon qui pourraient affecter votre entreprise.
7. **Partenariats Potentiels** : Identifiez les partenariats locaux qui pourraient vous aider à pénétrer le marché plus efficacement, que ce soit avec des fournisseurs, des distributeurs ou d'autres entreprises complémentaires.
8. **Analyse de Prix** : Déterminez les prix pratiqués sur le marché pour des produits ou services similaires. Cela vous aidera à fixer des prix compétitifs et attractifs.
9. **Stratégie de Positionnement** : Basé sur vos recherches, définissez comment vous allez vous positionner sur le marché. Quelle sera votre proposition de valeur unique ?
10. **Plan Marketing** : Élaborez un plan marketing adapté au marché japonais en tenant compte des canaux de communication préférés par votre public cible.
11. **Évaluation de Risques** : Identifiez les risques potentiels liés à votre entreprise au Japon, qu'ils soient économiques, culturels ou opérationnels.

En suivant ces étapes avec simplicité et en gardant à l'esprit vos préférences pour la simplicité, vous serez mieux préparé pour lancer votre entreprise au Japon avec succès.

2   Structure Légale

le choix de la structure juridique est une étape cruciale lors du démarrage d'une entreprise au Japon. Cela influencera la manière dont votre entreprise est gérée, vos responsabilités personnelles et les implications fiscales. Voici quelques options et considérations pour choisir la structure légale la plus adaptée :

1. **Kabushiki Kaisha (KK) - Société par Actions** :
   - Une KK est une entité indépendante avec des actionnaires et des directeurs.
   - Possibilité de lever des fonds en émettant des actions.
   - Les actionnaires ont une responsabilité limitée.
   - Doit avoir au moins un administrateur et un commissaire aux comptes.
   - Adaptée aux entreprises qui envisagent une croissance rapide et une expansion.
2. **Gōdō Kaisha (GK) - Société à Responsabilité Limitée** :
   - Une GK est une entité flexible avec des membres et des gestionnaires.
   - Les membres ont une responsabilité limitée.
   - Moins de formalités administratives qu'une KK.
   - Adaptée aux petites et moyennes entreprises ou aux entreprises familiales.
3. **Yūgen Kaisha (YK) - Société à Responsabilité Limitée** :
   - Similaire à une GK, mais traditionnellement utilisée par les professionnels tels que les médecins et les avocats.
   - La responsabilité des membres est limitée.
   - Peut être plus appropriée pour les entreprises de services professionnels.
4. **Tokumei Kumiai (TK) - Partenariat en Commandite** :
   - Composé de membres généraux (gérants) et de membres commandités (investisseurs).
   - Les membres commandités ont une responsabilité limitée, tandis que les membres généraux ont une responsabilité illimitée.
   - Peut être utilisé pour des projets spécifiques ou des partenariats commerciaux.
5. **Filiale ou Succursale** :

- o Une option si vous préférez étendre une entreprise étrangère existante au Japon.
- o La filiale est une entité distincte, tandis que la succursale est une extension de l'entreprise étrangère.

Considérations importantes :

- **Réglementations Fiscales et Commerciales** : Assurez-vous de comprendre les obligations fiscales et commerciales spécifiques à chaque structure. Certaines structures peuvent avoir des avantages fiscaux ou des obligations plus simples.
- **Capital Minimum** : Certaines structures exigent un capital minimum pour la création de l'entreprise. Assurez-vous de disposer des ressources nécessaires.
- **Gestion et Propriété** : Déterminez comment la société sera gérée et la répartition de la propriété entre les membres, les actionnaires ou les partenaires.
- **Noms et Enregistrement** : Vérifiez la disponibilité du nom de votre entreprise et suivez les procédures d'enregistrement appropriées.
- **Besoin de Conseil Légal** : Étant donné la complexité des réglementations, envisagez de consulter un avocat spécialisé dans le droit des affaires au Japon.

En gardant à l'esprit votre préférence pour la simplicité, choisissez la structure qui convient le mieux à vos besoins commerciaux et à vos objectifs de croissance. Une fois que vous avez choisi une structure, assurez-vous de respecter les réglementations et de remplir toutes les formalités nécessaires pour démarrer votre entreprise en toute légalité.

3.   Localisation :

Choisir la bonne localisation pour votre entreprise au Japon est crucial pour son succès. Voici quelques points à considérer lors de la recherche de l'emplacement idéal :

1. **Proximité des Clients** : Optez pour un emplacement qui est facilement accessible pour votre public cible. Si vous avez une idée claire de votre clientèle, choisissez un endroit qui les atteindra efficacement.

2. **Zone Commerciale** : Les zones commerciales bien établies sont souvent idéales car elles attirent généralement un grand nombre de clients. Assurez-vous que votre entreprise se démarque tout en profitant de l'afflux de clients.
3. **Coûts Immobiliers** : Tenez compte des coûts de location ou d'achat de propriétés dans différentes régions. Assurez-vous que le coût de la localisation est compatible avec votre budget.
4. **Concurrence** : Évaluez la présence de concurrents dans la région. Une concurrence modérée peut être bénéfique, mais une saturation excessive peut être préjudiciable.
5. **Accessibilité** : Assurez-vous que l'emplacement est facilement accessible en transports en commun et dispose de places de parking adéquates si nécessaire.
6. **Infrastructure** : Vérifiez que la région dispose d'infrastructures essentielles telles que des connexions Internet fiables, des services publics stables et d'autres installations nécessaires à votre entreprise.
7. **Climat des Affaires** : Certaines régions peuvent avoir des avantages fiscaux ou d'autres incitations pour les entreprises. Renseignez-vous sur le climat des affaires dans la région.
8. **Cohérence avec la Marque** : Assurez-vous que l'emplacement s'aligne avec l'image de votre entreprise et sa proposition de valeur.
9. **Future Expansion** : Si vous envisagez une croissance future, choisissez un endroit où vous pourrez éventuellement développer vos activités sans rencontrer de contraintes spatiales.
10. **Étude de la Démographie** : Analysez la démographie locale, y compris l'âge, le revenu, les intérêts et les habitudes d'achat des résidents, pour vous assurer que votre offre répond à leurs besoins.

En gardant à l'esprit votre préférence pour la simplicité, recherchez un emplacement qui répond à ces critères tout en étant facile à gérer. La simplicité peut également être intégrée dans la conception de votre espace commercial pour créer un environnement accueillant et fonctionnel pour vos clients et employés. Une fois que vous avez identifié une ou plusieurs options, prenez le temps d'examiner chacune d'elles pour prendre une décision éclairée.

4. Culture d'Entreprise :

Développer une culture d'entreprise solide et adaptée au Japon est essentiel pour créer un environnement de travail positif et productif. Voici comment vous pourriez façonner la culture de votre entreprise en tenant compte de vos préférences pour la simplicité et de l'environnement japonais :

1. **Valeurs Fondamentales** : Identifiez les valeurs fondamentales de votre entreprise. Ces valeurs guideront les décisions et les comportements de vos employés. Restez fidèle à votre préférence pour la simplicité en choisissant quelques valeurs clés.
2. **Communication Transparente** : Encouragez une communication ouverte et transparente au sein de l'entreprise. Assurez-vous que les informations importantes sont facilement accessibles à tous les employés.
3. **Respect de la Hiérarchie** : Gardez à l'esprit la hiérarchie traditionnelle dans la culture d'entreprise japonaise. Cela peut influencer la manière dont les décisions sont prises et la communication entre les employés.
4. **Collaboration** : Encouragez la collaboration entre les membres de l'équipe. Favorisez un environnement où les idées peuvent être partagées librement et où les compétences de chacun sont mises en valeur.
5. **Formation Continue** : Investissez dans la formation continue de vos employés. Cela montre que vous valorisez leur développement professionnel et personnel.
6. **Équilibre Travail-Vie Personnelle** : Favorisez un équilibre sain entre le travail et la vie personnelle. Encouragez des

heures de travail raisonnables et offrez des avantages qui soutiennent le bien-être des employés.

7. **Simplicité dans les Processus** : Appliquez la simplicité dans les processus internes de l'entreprise. Évitez la complexité excessive et favorisez des méthodes simples mais efficaces pour accomplir les tâches.

8. **Célébration des Réussites** : Célébrez les réussites et les réalisations de l'entreprise et de ses employés. Cela peut renforcer la motivation et le sentiment d'appartenance.

9. **Diversité et Inclusion** : Favorisez une culture inclusive qui valorise la diversité des expériences, des perspectives et des compétences au sein de votre équipe.

10. **Flexibilité** : Adoptez une certaine flexibilité pour permettre aux employés d'adapter leur travail en fonction de leurs besoins, tout en veillant à ce que les objectifs de l'entreprise soient atteints.

11. **Leadership Exemplaire** : En tant que leader, montrez l'exemple en vivant les valeurs de l'entreprise au quotidien. Votre comportement influence la culture de l'entreprise.

En combinant votre préférence pour la simplicité avec les valeurs et les pratiques de la culture d'entreprise japonaise, vous pouvez créer un environnement de travail harmonieux où les employés se sentent valorisés et inspirés à contribuer au succès de l'entreprise.

5 Langue :

La gestion de la langue dans votre entreprise au Japon est un aspect important pour faciliter la communication et la collaboration efficaces. Voici comment vous pourriez aborder la question linguistique en tenant compte de votre préférence pour la simplicité :

1. **Langue de Travail** : En tant que leader, déterminez quelle sera la langue principale de travail dans l'entreprise. Si l'anglais est votre langue principale, assurez-vous que tous les employés comprennent et parlent au moins un niveau de base d'anglais.

2. **Formation Linguistique** : Offrez des opportunités de formation linguistique pour les employés qui ont besoin d'améliorer leurs compétences linguistiques. Cela peut faciliter la communication et renforcer la confiance des employés.
3. **Documents et Communications Écrites** : Veillez à ce que les documents importants et les communications écrites soient disponibles dans la langue choisie pour le travail. Utilisez des termes simples et clairs pour favoriser la compréhension.
4. **Soutien Bilingue** : Si possible, engagez du personnel ou collaborez avec des partenaires qui peuvent fournir un soutien bilingue pour faciliter la communication avec les clients et les partenaires locaux.
5. **Respect de la Langue Locale** : Même si l'anglais est la langue de travail, montrez du respect pour la langue locale en utilisant des salutations courantes et en apprenant quelques phrases simples en japonais.
6. **Simplicité dans la Communication** : Appliquez la simplicité dans la communication interne et externe. Utilisez un langage clair et évitez les termes techniques ou complexes qui pourraient créer des malentendus.
7. **Réunions Multilingues** : Si vous avez une équipe multilingue, assurez-vous que les réunions sont organisées de manière à inclure tous les participants. Si nécessaire, fournissez des traductions ou des résumés.
8. **Adaptabilité** : Soyez ouvert à l'adaptation en fonction des compétences linguistiques de vos employés et des besoins de communication. Encouragez également les employés à apprendre et à améliorer leurs compétences linguistiques.
9. **Sensibilité Culturelle** : Soyez conscient des différences culturelles dans la communication et assurez-vous que les employés comprennent les nuances linguistiques et culturelles pour éviter les malentendus.

En intégrant une approche simple et pragmatique à la gestion linguistique de votre entreprise, vous créerez un environnement où la communication est fluide, efficace et respectueuse de toutes les parties impliquées. Cela contribuera grandement à la cohésion et à la réussite de votre entreprise au Japon.

6. Marketing et Promotion :

Le marketing et la promotion jouent un rôle crucial pour faire connaître votre entreprise au Japon et attirer des clients. Voici comment vous pourriez aborder le marketing et la promotion en gardant à l'esprit votre préférence pour la simplicité :

1. **Stratégie de Marque** : Développez une stratégie de marque claire qui reflète les valeurs de votre entreprise et qui est facilement compréhensible. Optez pour un design simple mais mémorable pour votre logo et vos supports de marque.
2. **Site Web** : Créez un site Web professionnel et convivial pour présenter vos produits ou services. Utilisez une mise en page simple et une navigation intuitive pour faciliter l'expérience des visiteurs.
3. **Contenu Éducatif** : Partagez du contenu éducatif et informatif lié à vos produits ou services. Cela peut aider à établir votre expertise et à établir des relations de confiance avec votre public.
4. **Réseaux Sociaux** : Utilisez les réseaux sociaux pour promouvoir votre entreprise. Partagez du contenu pertinent et engageant en utilisant des visuels simples mais attrayants.
5. **Publicités Ciblées** : Utilisez des publicités en ligne ciblées pour atteindre votre public spécifique. Choisissez des plateformes où se trouve votre audience et assurez-vous que vos annonces sont simples et claires.
6. **Collaborations Locales** : Collaborez avec d'autres entreprises locales pour élargir votre visibilité. Choisissez des partenariats qui sont pertinents pour votre entreprise et qui peuvent simplifier vos efforts de marketing.

7. **Événements et Ateliers** : Organisez des événements ou des ateliers pertinents pour votre industrie. Cela peut vous aider à établir des connexions directes avec votre public cible.
8. **Témoignages de Clients** : Mettez en avant les témoignages de clients satisfaits. Les preuves sociales peuvent renforcer la crédibilité de votre entreprise.
9. **Campagnes Promotionnelles** : Créez des campagnes promotionnelles simples mais attrayantes. Assurez-vous que les avantages sont clairs et faciles à comprendre.
10. **Suivi des Résultats** : Suivez les performances de vos campagnes marketing pour identifier ce qui fonctionne le mieux. Simplifiez les indicateurs clés que vous suivez pour évaluer l'efficacité.
11. **Feedback des Clients** : Écoutez attentivement les commentaires de vos clients et adaptez vos stratégies en conséquence. La simplicité peut également s'étendre à la manière dont vous collectez et analysez ces commentaires.

En simplifiant vos efforts de marketing et de promotion, vous pouvez créer une expérience cohérente et mémorable pour vos clients au Japon. Gardez toujours votre public cible à l'esprit et cherchez des moyens simples mais efficaces de les atteindre et de leur offrir de la valeur.

7. Partenariats Locaux :

Les partenariats locaux peuvent jouer un rôle clé dans le succès de votre entreprise au Japon. Voici comment vous pourriez aborder les partenariats locaux en gardant à l'esprit votre préférence pour la simplicité :

1. **Identifiez les Partenaires Pertinents** : Recherchez des entreprises locales qui partagent des valeurs similaires ou qui complètent vos produits ou services. Choisissez des partenaires dont les compétences et la réputation ajoutent de la valeur à votre entreprise.

2. **Approche Directe** : Établissez un contact direct avec les entreprises que vous aimeriez considérer comme partenaires. Expliquez clairement les avantages mutuels d'une collaboration.
3. **Objectifs Clairs** : Définissez des objectifs clairs pour la collaboration, qu'il s'agisse d'étendre votre portée, de partager des ressources ou d'atteindre un nouveau public.
4. **Partenariats de Co-Marketing** : Collaborez sur des campagnes de marketing conjointes. Cette approche peut vous aider à atteindre de nouveaux clients de manière efficace.
5. **Partenariats de Distribution** : Si vos produits nécessitent une distribution physique, explorez des partenariats avec des détaillants locaux pour étendre votre portée.
6. **Participation à des Événements Locaux** : Participez à des foires commerciales, des salons ou d'autres événements locaux pour établir des contacts avec d'autres entreprises.
7. **Partage de Ressources** : Partagez des ressources, des compétences ou des connaissances avec vos partenaires pour créer une relation mutuellement bénéfique.
8. **Contrats Clairs** : Rédigez des contrats clairs qui définissent les rôles, les responsabilités et les avantages de chaque partenaire. La simplicité dans la rédaction est importante pour éviter les malentendus.
9. **Communication Ouverte** : Maintenez une communication ouverte et régulière avec vos partenaires. Partagez des mises à jour et collaborez de manière transparente.
10. **Mesure des Résultats** : Évaluez régulièrement les résultats de vos partenariats pour voir s'ils atteignent les objectifs définis. Si nécessaire, ajustez votre approche pour maximiser les avantages.
11. **Renforcement des Liens** : Investissez dans la construction de relations solides avec vos partenaires. La confiance mutuelle est essentielle pour une collaboration fructueuse.

En privilégiant des partenariats simples et clairs qui répondent aux besoins de votre entreprise, vous pouvez créer des alliances stratégiques qui stimulent la croissance de votre entreprise au Japon.

Restez ouvert aux opportunités qui se présentent et cherchez à établir des relations durables et mutuellement bénéfiques.

8. Finances :

Gérer les finances de votre entreprise au Japon de manière simple et efficace est crucial pour assurer sa stabilité et sa croissance. Voici comment vous pourriez aborder les finances en gardant à l'esprit votre préférence pour la simplicité :

1. **Budget Prudent** : Établissez un budget réaliste et prudent pour votre entreprise. Identifiez vos dépenses essentielles et allouez des ressources en fonction de vos priorités.
2. **Comptabilité Simplifiée** : Utilisez des méthodes de comptabilité simples mais précises pour suivre les revenus et les dépenses de votre entreprise. Vous pourriez envisager des logiciels de comptabilité conviviaux.
3. **Gestion de Trésorerie** : Surveillez attentivement votre trésorerie pour éviter les problèmes de liquidités. Prévoyez des réserves pour faire face à des situations inattendues.
4. **Économies d'Impôt** : Comprenez les lois fiscales au Japon et explorez les possibilités d'économies d'impôt légitimes pour optimiser vos finances.
5. **Facturation et Paiements** : Simplifiez vos processus de facturation et de paiement pour éviter les retards et les erreurs. Utilisez des solutions de facturation électronique si possible.
6. **Contrôle des Coûts** : Soyez attentif aux coûts opérationnels et identifiez des moyens de les réduire sans compromettre la qualité de vos produits ou services.
7. **Investissements Prudents** : Si vous envisagez des investissements, évaluez-les soigneusement et choisissez ceux qui correspondent à votre stratégie à long terme.
8. **Protection Financière** : Envisagez des solutions d'assurance pour protéger votre entreprise contre les risques potentiels, tels que les dommages matériels, la responsabilité civile, etc.
9. **Consultation Financière** : Si nécessaire, consultez un expert financier pour obtenir des conseils professionnels sur la gestion financière de votre entreprise au Japon.

10. **Rapports Financiers Réguliers** : Générez des rapports financiers réguliers pour surveiller la santé financière de votre entreprise. Cela peut vous aider à prendre des décisions éclairées.
11. **Planification à Long Terme** : Élaborez une stratégie financière à long terme pour atteindre vos objectifs de croissance tout en maintenant la stabilité.

En simplifiant la gestion financière de votre entreprise, vous pouvez maintenir un contrôle solide sur vos ressources et prendre des décisions éclairées. Gardez toujours à l'esprit vos objectifs à long terme tout en gérant efficacement les aspects financiers au quotidien.

9 Recrutement :

Recruter les bons talents pour votre entreprise au Japon est essentiel pour sa croissance et son succès. Voici comment vous pourriez aborder le recrutement en gardant à l'esprit votre préférence pour la simplicité :

1. **Besoins Clairs** : Identifiez clairement les compétences et les qualifications dont vous avez besoin pour chaque poste. Simplifiez les descriptions de poste pour mettre en évidence les compétences essentielles.
2. **Processus de Recrutement Efficace** : Concevez un processus de recrutement simple mais efficace. Cela peut inclure une revue de CV, des entretiens structurés et des évaluations de compétences.
3. **Candidature en Ligne** : Utilisez des plates-formes en ligne pour recevoir les candidatures. Cela facilite le suivi et la gestion des candidatures.
4. **Évaluation des Compétences** : Utilisez des méthodes d'évaluation des compétences qui sont simples et pertinentes

pour le poste. Cela peut inclure des tests techniques ou des simulations de travail.

5. **Cohérence Culturelle** : Assurez-vous que les candidats partagent les valeurs de votre entreprise et s'intègrent bien dans la culture d'entreprise que vous avez définie.

6. **Expérience Candidat Positive** : Offrez aux candidats une expérience positive tout au long du processus de recrutement. La simplicité peut se refléter dans la clarté des étapes et dans la communication transparente.

7. **Compensation Concurrentielle** : Proposez une rémunération compétitive en tenant compte des normes salariales du secteur au Japon.

8. **Formation Continue** : Expliquez comment vous investissez dans la formation continue et le développement professionnel de vos employés. Cela peut attirer des talents ambitieux.

9. **Entretiens Structurés** : Conduisez des entretiens structurés en posant des questions pertinentes pour évaluer les compétences et la compatibilité culturelle.

10. **Feedback et Suivi** : Fournissez des commentaires aux candidats, qu'ils soient sélectionnés ou non. Cela renforce la réputation positive de votre entreprise.

11. **Processus de Prise de Décision** : Simplifiez le processus de prise de décision après les entretiens pour éviter les retards inutiles.

12. **Diversité et Inclusion** : Encouragez la diversité et l'inclusion dans votre équipe en ouvrant la porte à des candidats de différents horizons.

En gardant le processus de recrutement simple et bien structuré, vous pouvez attirer et retenir les meilleurs talents pour votre entreprise au Japon. Assurez-vous que chaque étape est pertinente et que les candidats ont une vision claire de ce que votre entreprise a à offrir en tant qu'employeur.

10 Adaptabilité :

L'adaptabilité est une qualité cruciale pour la réussite continue de votre entreprise au Japon. Voici comment vous pourriez aborder l'adaptabilité en tenant compte de votre préférence pour la simplicité :

1. **Veille Stratégique** : Restez informé des tendances du marché, des changements réglementaires et des évolutions de l'industrie. La simplicité peut se refléter dans votre capacité à filtrer l'information et à vous concentrer sur ce qui est essentiel.
2. **Évaluation Continue** : Évaluez régulièrement la performance de votre entreprise, vos stratégies et vos processus. Identifiez les domaines qui nécessitent des ajustements.
3. **Flexibilité Opérationnelle** : Soyez prêt à ajuster vos opérations en fonction des conditions changeantes du marché. Gardez un œil sur les opportunités d'optimisation.
4. **Feedback des Clients** : Écoutez attentivement les commentaires de vos clients et adaptez vos produits ou services en conséquence. La simplicité dans la collecte et l'analyse de ces commentaires est importante.
5. **Agilité en Équipe** : Favorisez une culture d'entreprise qui encourage l'agilité et l'innovation. Encouragez les employés à proposer des idées nouvelles et simples pour améliorer les processus.
6. **Nouvelles Opportunités** : Restez ouvert aux nouvelles opportunités de marché ou d'expansion. Gardez à l'esprit que la simplicité peut être appliquée dans la sélection des opportunités les plus pertinentes.
7. **Formation Continue** : Investissez dans la formation continue de votre équipe pour les aider à acquérir de nouvelles compétences et à s'adapter à l'évolution du paysage commercial.
8. **Communication Transparente** : Assurez-vous que la communication interne est transparente et ouverte. Informez les employés des changements à venir et de la raison derrière ces changements.

9. **Plan de Continuité d'Activité** : Élaborez un plan de continuité d'activité pour faire face aux situations imprévues, telles que les perturbations du marché ou les catastrophes naturelles.
10. **Réseautage et Collaboration** : Établissez des liens avec d'autres entreprises et professionnels pour rester connecté aux tendances et aux innovations de l'industrie.
11. **Réévaluation de la Stratégie** : Périodiquement, réévaluez votre stratégie globale en tenant compte des changements du marché et des besoins des clients.

En simplifiant votre approche pour rester adaptable, vous pouvez réagir aux changements de manière efficace et continue. La simplicité peut vous aider à éviter la surcharge d'informations et à vous concentrer sur les mesures concrètes qui ont un impact positif sur votre entreprise.

3.   Culture d'Entreprise au Japon :

1 Étiquette d'Affaires au Japon :

L'étiquette d'affaires au Japon est empreinte de respect, de formalité et de sensibilité culturelle. Voici quelques points importants à considérer pour naviguer avec succès dans le monde des affaires au Japon :

1. **Salutations Respectueuses** : Inclinez légèrement la tête pour saluer, en particulier lors de la première rencontre ou en cas de respect particulier. Une inclinaison plus profonde est souvent utilisée pour montrer plus de respect.
2. **Utilisation de Titres** : Utilisez des titres professionnels et respectueux, tels que "San" (Monsieur/Madame), pour montrer du respect envers les autres.

3. **Échange de Cartes de Visite** : Remettez et recevez les cartes de visite avec les deux mains. Prenez le temps de lire la carte et montrez de l'intérêt.
4. **Langage Poli** : Utilisez un langage poli et respectueux dans vos communications verbales et écrites. Les phrases de politesse sont importantes pour établir des relations professionnelles positives.
5. **Introduction Formelle** : Lors de réunions, commencez souvent par une courte introduction qui explique votre rôle et votre entreprise.
6. **Tenue Vestimentaire** : Optez pour une tenue formelle et bien entretenue. Les costumes et les tailleurs sont courants dans les environnements d'affaires.
7. **Écoute Active** : Montrez de l'intérêt pour ce que les autres disent en pratiquant une écoute attentive. Évitez de couper la parole et attendez votre tour pour parler.
8. **Consensus et Accord Collectif** : Les décisions sont souvent prises de manière consensuelle. Montrez que vous appréciez l'avis de chacun et favorisez l'accord collectif.
9. **Refrain de l'Auto-Promotion** : Les Japonais ont tendance à éviter l'auto-promotion directe. Plutôt que de parler de vos réalisations, mettez l'accent sur celles de l'équipe ou de l'entreprise.
10. **Patience et Persévérance** : Les relations d'affaires au Japon se construisent progressivement. Soyez patient et persévérez dans vos efforts pour établir des liens solides.
11. **Reconnaissance des Hierarchies** : Reconnaître les hiérarchies est important, en particulier dans les entreprises japonaises. Adressez-vous aux personnes en fonction de leur rang.
12. **Respect de l'Espace Personnel** : Respectez l'espace personnel des autres en maintenant une distance confortable lors des interactions.
13. **Cadeaux d'Affaires** : Si vous donnez des cadeaux, choisissez quelque chose de symbolique et de bien emballé. Évitez les cadeaux trop personnels.

En adoptant ces pratiques d'étiquette d'affaires au Japon, vous démontrez votre respect pour la culture et les valeurs locales. La simplicité dans votre approche et votre respect des normes culturelles contribueront à établir des relations professionnelles positives et fructueuses.

2 Gestion des relations avec les partenaires et clients :

La gestion des relations avec les partenaires et clients au Japon est essentielle pour le succès de votre entreprise. Voici comment vous pourriez aborder cette gestion tout en gardant à l'esprit votre préférence pour la simplicité :

1. **Construction de Relations Durables** : Priorisez la construction de relations à long terme plutôt que des transactions ponctuelles. Investir dans des relations solides peut conduire à des collaborations fructueuses à long terme.
2. **Communication Transparente** : Assurez-vous que la communication avec vos partenaires et clients est transparente et honnête. La simplicité dans la communication peut favoriser la compréhension mutuelle.
3. **Suivi Régulier** : Maintenez un suivi régulier avec vos partenaires et clients. Un simple appel téléphonique ou un courriel de suivi montre que vous valorisez leur partenariat.
4. **Écoute Active** : Écoutez attentivement les besoins, les préoccupations et les commentaires de vos partenaires et clients. Cela peut aider à adapter vos offres en conséquence.
5. **Personnalisation des Solutions** : Offrez des solutions personnalisées en fonction des besoins spécifiques de chaque client ou partenaire. Montrez que vous comprenez leurs exigences uniques.
6. **Résolution Proactive des Problèmes** : Si des problèmes surviennent, traitez-les de manière proactive et rapide. La simplicité dans la résolution peut minimiser les impacts négatifs.
7. **Transparence sur les Délais** : Respectez toujours les délais convenus et communiquez en cas de retard potentiel. La gestion des attentes est cruciale.
8. **Partenariats Mutuellement Bénéfiques** : Assurez-vous que les collaborations sont mutuellement bénéfiques. Mettez en

avant les avantages pour les deux parties de manière simple
et claire.

9. **Appréciation et Reconnaissance** : Exprimez régulièrement
votre appréciation envers vos partenaires et clients pour leur
confiance et leur collaboration. Un simple "merci" peut avoir
un grand impact.

10. **Compétence Technique et Professionnalisme** : Démontrez
votre compétence technique et votre professionnalisme dans
chaque interaction. Cela renforce la confiance et la crédibilité.

11. **Flexibilité et Adaptabilité** : Soyez flexible dans vos
négociations et arrangements. Montrez que vous êtes ouvert à
trouver des solutions qui fonctionnent pour toutes les parties.

12. **Réseautage et Événements** : Participez à des événements et
des réseautages professionnels pour élargir votre réseau et
renforcer les relations existantes.

En simplifiant vos interactions avec vos partenaires et clients, vous
pouvez créer une expérience fluide et agréable. La simplicité peut
contribuer à renforcer la confiance, à établir des relations durables et
à maintenir une communication efficace.

3 Travailler avec des employés japonais :

Travailler avec des employés japonais implique de respecter les
normes culturelles et de favoriser une communication efficace. Voici
comment vous pourriez aborder la collaboration avec vos employés
japonais en gardant à l'esprit votre préférence pour la simplicité :

1. **Respect de la Hiérarchie** : Reconnaître la hiérarchie est
crucial dans les entreprises japonaises. Adressez-vous aux

supérieurs et aux aînés avec des titres honorifiques tels que "San."

2. **Communication Claire et Polie** : Pratiquez une communication claire et respectueuse. Évitez les expressions directes qui pourraient être perçues comme offensantes.

3. **Écoute Active** : Écoutez attentivement les opinions et les idées de vos employés. Encouragez-les à partager leurs pensées en toute simplicité.

4. **Feedback Constructif** : Donnez un feedback constructif de manière respectueuse. Mettez en avant les points positifs avant d'aborder les aspects à améliorer.

5. **Appréciation et Reconnaissance** : Exprimez régulièrement votre appréciation envers le travail de vos employés. Un simple "merci" ou un mot de reconnaissance peut avoir un impact positif.

6. **Emploi de l'Esprit d'Équipe** : Encouragez l'esprit d'équipe en impliquant vos employés dans les discussions et les prises de décision. Montrez que vous appréciez leurs contributions.

7. **Équilibre Travail-Vie Personnelle** : Respectez l'équilibre entre le travail et la vie personnelle de vos employés. Encouragez un environnement de travail sain et flexible.

8. **Formation Continue** : Investissez dans la formation et le développement professionnel de vos employés. Montrez que vous investissez dans leur croissance.

9. **Feedback Bidirectionnel** : Encouragez vos employés à vous donner également leur feedback. La simplicité dans cette communication peut favoriser des discussions ouvertes.

10. **Compréhension Culturelle** : Prenez le temps de comprendre les normes culturelles japonaises. Cela vous aidera à éviter les malentendus et à favoriser une collaboration harmonieuse.

11. **Adaptabilité** : Montrez que vous êtes ouvert à l'adaptabilité et à l'innovation. Encouragez les employés à partager des idées pour améliorer les processus.

12. **Résolution de Conflits** : Si des conflits surviennent, traitez-les avec calme et en encourageant la communication ouverte. La simplicité dans la résolution peut prévenir l'escalade.

En favorisant la simplicité et le respect des normes culturelles, vous pouvez créer un environnement de travail positif pour vos employés japonais. La compréhension mutuelle et la communication transparente sont des clés pour une collaboration fructueuse et harmonieuse.

4.   Finance et Comptabilité

1   Ouverture d'un compte bancaire :

L'ouverture d'un compte bancaire au Japon est une étape cruciale pour gérer vos finances professionnelles. Voici comment vous pourriez aborder cette démarche de manière simple et efficace :

1. **Recherche de Banques** : Identifiez les banques locales qui offrent des services adaptés aux entreprises. Recherchez celles qui ont une réputation solide et une bonne accessibilité.
2. **Documentation Requise** : Rassemblez les documents nécessaires, tels que votre pièce d'identité, votre enregistrement d'entreprise, et toute autre pièce exigée par la banque.
3. **Prendre Rendez-vous** : Contactez la banque de votre choix pour prendre rendez-vous afin d'ouvrir un compte professionnel. Si possible, demandez si l'anglais est disponible pour faciliter la communication.
4. **Rencontre à la Banque** : Lors du rendez-vous, présentez vos documents et discutez de vos besoins en matière de compte professionnel. Soyez prêt à répondre à des questions sur votre entreprise.
5. **Choix du Type de Compte** : Discutez avec le conseiller bancaire du type de compte qui convient le mieux à votre entreprise. Il pourrait s'agir d'un compte courant, d'un compte d'épargne ou d'autres options.
6. **Procédure de Vérification** : Préparez-vous à passer par un processus de vérification de l'identité et de l'entreprise. Cela

peut inclure des entretiens et la présentation de documents supplémentaires.

7. **Signature des Documents** : Lorsque tout est en ordre, signez les documents nécessaires pour ouvrir le compte. Assurez-vous de comprendre les termes et conditions.
8. **Reçus et Informations** : Une fois le compte ouvert, assurez-vous de recevoir des reçus et des informations concernant les procédures bancaires, les frais et les services disponibles.
9. **Enregistrement en Ligne** : Si la banque propose des services bancaires en ligne, inscrivez-vous pour gérer votre compte en ligne. Cela facilitera le suivi de vos transactions.
10. **Gestion Efficace** : Utilisez votre compte professionnel pour gérer vos transactions commerciales. Suivez régulièrement vos relevés pour vous assurer que tout est en ordre.
11. **Frais et Frais Mensuels** : Soyez conscient des frais associés à votre compte bancaire, y compris les frais de service mensuels et les frais de transaction. Choisissez un compte adapté à votre utilisation.
12. **Simplicité dans les Transactions** : Utilisez les services bancaires en ligne pour effectuer des transactions de manière simple et rapide. Vérifiez toujours les détails avant de valider.

Garder les choses simples tout en respectant les procédures légales et bancaires est essentiel lors de l'ouverture d'un compte bancaire au Japon. Assurez-vous de bien comprendre les termes et conditions, et n'hésitez pas à poser des questions pour clarifier tout ce qui pourrait être ambigu.

2 Gestion de la fiscalité : La gestion de la fiscalité au Japon est essentielle pour maintenir la conformité et éviter les problèmes légaux. Voici comment vous pourriez gérer vos obligations fiscales de manière simple et efficace :

1. **Connaissance des Impôts** : Familiarisez-vous avec les différents types d'impôts au Japon qui s'appliquent aux

entreprises, tels que l'impôt sur les sociétés, la taxe de consommation et les taxes locales.

2. **Consultation Professionnelle** : Si nécessaire, engagez un expert fiscal local ou un comptable pour vous guider à travers les lois fiscales complexes. Ils peuvent vous aider à optimiser votre situation fiscale.

3. **Enregistrement Fiscal** : Assurez-vous de vous enregistrer auprès des autorités fiscales locales dès que votre entreprise démarre ses activités. Cela garantit votre conformité.

4. **Tenue des Registres Précise** : Maintenez des registres financiers précis et à jour pour chaque transaction. Cela facilitera la préparation de vos déclarations fiscales.

5. **Échéances de Déclaration** : Connaître les échéances de déclaration fiscale est crucial. Assurez-vous de soumettre vos déclarations à temps pour éviter les pénalités.

6. **Calcul des Impôts** : Calculez correctement les impôts dus en fonction de vos revenus et de vos dépenses. Utilisez des outils fiscaux en ligne ou des logiciels de comptabilité pour simplifier ce processus.

7. **Avantages Fiscaux** : Informez-vous sur les avantages fiscaux disponibles pour les entreprises au Japon. Ces avantages peuvent vous aider à réduire votre charge fiscale.

8. **TVA (Taxe de Consommation)** : Si votre entreprise est soumise à la taxe de consommation, assurez-vous de la collecter correctement auprès de vos clients et de la déclarer aux autorités.

9. **Déductions Admissibles** : Familiarisez-vous avec les déductions admissibles pour les entreprises. Cela peut inclure les frais de bureau, les dépenses de formation et d'autres coûts professionnels.

10. **Préparation Anticipée** : Préparez vos documents et vos informations fiscales bien à l'avance avant la date limite de déclaration. Cela évite le stress de dernière minute.

11. **Communication avec les Autorités Fiscales** : Si vous avez des questions ou des préoccupations, n'hésitez pas à contacter les autorités fiscales locales pour obtenir des clarifications.

12. **Audit et Vérifications** : Soyez prêt à fournir des documents et des preuves en cas d'audit fiscal. Assurez-vous que vos registres sont organisés et accessibles.

Gérer la fiscalité de manière simple et efficace nécessite une compréhension approfondie des réglementations fiscales au Japon. En gardant des registres précis, en respectant les échéances et en obtenant des conseils professionnels si nécessaire, vous pouvez maintenir la conformité fiscale et éviter les problèmes juridiques.

3 Subventions et soutiens financiers : La recherche et la demande de subventions et de soutiens financiers au Japon peuvent être bénéfiques pour le développement de votre entreprise. Voici comment vous pourriez aborder cette démarche en gardant à l'esprit votre préférence pour la simplicité :

1. **Identification des Opportunités** : Recherchez les subventions, les programmes de soutien et les aides financières disponibles pour les entreprises dans votre secteur. Les gouvernements locaux et les organisations privées peuvent proposer des options.
2. **Éligibilité et Critères** : Vérifiez attentivement les critères d'éligibilité pour chaque subvention ou soutien. Assurez-vous que votre entreprise remplit les conditions requises.
3. **Documentation Requise** : Rassemblez les documents nécessaires pour présenter une demande, tels que des informations sur votre entreprise, vos projets et vos plans.
4. **Préparation de la Demande** : Rédigez une demande simple et concise en mettant en avant les avantages de votre projet et la manière dont il pourrait contribuer à la société ou à l'économie.
5. **Date Limite** : Notez la date limite de dépôt des demandes et assurez-vous de soumettre votre demande à temps. Ne laissez pas la procédure à la dernière minute.
6. **Suivi Régulier** : Après avoir soumis votre demande, assurez-vous de suivre régulièrement son statut auprès de l'organisme de subvention. Cela peut aider à éviter les retards.
7. **Communication Transparente** : Si vous avez des questions concernant la subvention ou le processus de demande, communiquez avec l'organisme en toute simplicité.
8. **Attentes Réalistes** : Soyez conscient que l'obtention de subventions peut être concurrentielle. Ayez des attentes réalistes quant à l'issue de votre demande.

9. **Présentation Convaincante** : Si vous êtes invité à présenter votre projet, soyez simple et convaincant dans votre discours. Mettez en avant les aspects clés de votre projet.
10. **Suivi des Conditions** : Si vous obtenez une subvention, assurez-vous de respecter toutes les conditions et les exigences spécifiées. Cela garantira le respect des termes de la subvention.
11. **Utilisation Responsable des Fonds** : Utilisez les fonds de la subvention de manière responsable et conformément aux objectifs du projet approuvé.
12. **Rapports et Évaluation** : Si vous êtes tenu de fournir des rapports sur l'utilisation des fonds, assurez-vous de le faire à temps et avec précision.

En explorant les opportunités de subventions et de soutiens financiers tout en maintenant une approche simple et transparente, vous pouvez potentiellement obtenir des ressources supplémentaires pour soutenir la croissance de votre entreprise. Assurez-vous de bien comprendre les termes et conditions de chaque subvention avant de soumettre votre demande.

5.   Marketing et Vente :

Le marketing et la vente sont des aspects cruciaux pour la croissance de votre entreprise au Japon. Voici comment vous pourriez aborder ces domaines en maintenant une approche simple et efficace :

1 Marketing :

1. **Compréhension du Marché** : Effectuez une recherche approfondie pour comprendre les besoins, les préférences et les comportements de votre public cible japonais.

2. **Segmentation** : Identifiez les segments de marché les plus pertinents pour vos produits ou services. Cela vous aidera à personnaliser vos stratégies marketing.
3. **Message Clé** : Créez un message simple et percutant qui communique la valeur unique de vos produits ou services. Mettez en avant les avantages qui répondent aux besoins du marché.
4. **Plateformes de Marketing** : Choisissez les plateformes de marketing les plus adaptées à votre audience, telles que les médias sociaux, les annonces en ligne et les événements locaux.
5. **Contenu Engageant** : Créez du contenu pertinent et engageant qui suscite l'intérêt de votre public cible. Priorisez la simplicité et la clarté dans vos messages.
6. **Partenariats Locaux** : Collaborez avec des partenaires locaux, si possible, pour accroître votre visibilité et votre crédibilité sur le marché.
7. **Promotions Ciblées** : Proposez des promotions et des offres spéciales qui répondent aux besoins spécifiques du marché japonais.

Vente :

1. **Approche Personnalisée** : Personnalisez votre approche de vente en fonction des besoins et des préférences individuels de vos clients potentiels.
2. **Relation Client** : Établissez des relations durables avec vos clients en étant attentif à leurs préoccupations et en offrant un excellent service client.
3. **Simplicité dans les Présentations** : Simplifiez vos présentations de vente en mettant en avant les caractéristiques et les avantages clés de vos produits ou services.
4. **Répondre aux Questions** : Soyez prêt à répondre aux questions des clients de manière simple et directe. Fournissez des informations utiles pour les aider à prendre des décisions éclairées.

5. **Solutions Sur Mesure** : Proposez des solutions sur mesure en fonction des besoins spécifiques de chaque client. Mettez en avant la manière dont vos offres résolvent leurs problèmes.
6. **Suivi Régulier** : Maintenez un suivi régulier avec les clients potentiels pour entretenir l'intérêt et répondre à leurs questions supplémentaires.
7. **Écoute Active** : Écoutez attentivement les besoins et les préoccupations de vos clients. Cela peut vous aider à adapter votre approche de vente.
8. **Processus de Paiement Simple** : Simplifiez le processus de paiement pour faciliter la conversion des prospects en clients.
9. **Gestion des Retours** : Mettez en place un processus simple et efficace pour gérer les retours ou les problèmes après la vente.

En abordant le marketing et la vente avec une approche simple, vous pouvez créer des expériences positives pour vos clients japonais. La simplicité dans la communication, la personnalisation et la résolution des problèmes contribuera à gagner la confiance et la fidélité de vos clients sur le marché japonais.

2 Réseaux sociaux et publicité en ligne :

Les réseaux sociaux et la publicité en ligne sont des outils puissants pour atteindre votre public cible au Japon. Voici comment vous pourriez les utiliser de manière simple et efficace :

Réseaux Sociaux :

1. **Choix des Plateformes** : Identifiez les réseaux sociaux populaires au Japon tels que LINE, X , Instagram et Facebook. Choisissez ceux qui correspondent le mieux à votre public cible.

2. **Contenu Visuel** : Utilisez des images et des vidéos de haute qualité dans vos publications. Les contenus visuels sont attrayants et capteront l'attention de votre public.
3. **Langage Simple** : Utilisez un langage simple et clair dans vos messages. Évitez les termes trop techniques et privilégiez les expressions familières.
4. **Contenu Utile** : Fournissez des informations utiles et pertinentes pour votre public. Partagez des conseils, des astuces et des actualités liées à votre secteur.
5. **Engagement Actif** : Répondez rapidement aux commentaires et aux messages de vos followers. Encouragez les interactions en posant des questions et en invitant à la discussion.
6. **Utilisation d'Hashtags** : Utilisez des hashtags pertinents pour augmenter la visibilité de vos publications. Recherchez les hashtags populaires dans votre secteur.
7. **Histoires Éphémères** : Si la plateforme le permet, utilisez les stories éphémères pour partager des moments en temps réel et susciter l'engagement.
8. **Partage d'Expériences** : Partagez les expériences de vos clients, les témoignages et les réussites. Cela renforce la crédibilité de votre marque.

Publicité en Ligne :

1. **Public Cible Défini** : Utilisez les options de ciblage avancé pour définir votre public cible en fonction de l'âge, du sexe, de la localisation et des intérêts.
2. **Budget Maîtrisé** : Commencez avec un budget modéré pour vos campagnes publicitaires en ligne. Surveillez les performances et ajustez au besoin.
3. **Messages Clairs** : Créez des annonces simples avec un message clair et concis. Mettez en avant les avantages pour susciter l'intérêt.
4. **Appels à l'Action** : Utilisez des appels à l'action simples et convaincants, comme "Achetez maintenant" ou "Inscrivez-vous".

5. **Suivi des Performances** : Utilisez les outils d'analyse fournis par les plateformes pour suivre les performances de vos annonces. Identifiez ce qui fonctionne le mieux.
6. **Test A/B** : Effectuez des tests A/B pour comparer différentes versions d'annonces et déterminer celles qui génèrent les meilleurs résultats.
7. **Page de Destination Pertinente** : Assurez-vous que la page de destination de votre annonce est pertinente et en lien avec l'annonce elle-même.
8. **Calendrier de Publication** : Planifiez vos annonces pour qu'elles soient diffusées aux moments où votre public cible est le plus actif en ligne.
9. **Simplicité dans le Design** : Utilisez un design simple et épuré pour vos annonces. Trop d'éléments visuels peuvent distraire le public.

En utilisant les réseaux sociaux et la publicité en ligne de manière simple et ciblée, vous pouvez accroître la visibilité de votre entreprise au Japon et atteindre efficacement vos clients potentiels. Suivez les performances, ajustez vos stratégies en fonction des résultats et assurez-vous de répondre aux interactions en ligne de manière proactive.

4 Construire une clientèle :

Construire une clientèle au Japon, en tenant compte de votre préférence pour la simplicité, peut être réalisé en suivant ces étapes simples :

1. **Compréhension du Marché** : Prenez le temps de comprendre les besoins et les préférences spécifiques du marché japonais. Étudiez les tendances actuelles et les comportements d'achat.
2. **Segmentation du Public Cible** : Identifiez les segments de marché qui correspondent le mieux à vos produits ou services. Cela vous permettra de personnaliser votre approche.

3. **Message Clé Simple** : Créez un message simple et clair qui communique les avantages uniques de vos produits ou services pour résoudre les problèmes de vos clients.
4. **Canaux de Communication** : Identifiez les canaux de communication les plus efficaces pour atteindre votre public cible, que ce soit en ligne, sur les réseaux sociaux, ou par le biais d'événements locaux.
5. **Contenu Utile** : Fournissez du contenu utile et informatif qui répond aux questions et aux besoins de votre public cible. Cela vous positionnera en tant qu'expert.
6. **Relation Client de Qualité** : Priorisez le service client et la satisfaction. Répondez rapidement aux questions et aux préoccupations des clients.
7. **Offres Spéciales** : Proposez des offres spéciales ou des réductions pour attirer de nouveaux clients et les encourager à essayer vos produits ou services.
8. **Bouche-à-oreille** : Encouragez vos clients satisfaits à recommander votre entreprise à leurs proches. Le bouche-à-oreille est puissant au Japon.
9. **Simplicité dans le Processus d'Achat** : Simplifiez le processus d'achat en ligne ou en magasin. Assurez-vous qu'il est fluide et sans obstacles.
10. **Écoute Active** : Écoutez attentivement les commentaires et les suggestions de vos clients. Utilisez ces retours pour améliorer vos produits et services.
11. **Programme de Fidélité** : Mettez en place un programme de fidélité qui récompense les clients réguliers. Cela encourage la fidélité à long terme.
12. **Analyse des Résultats** : Suivez les résultats de vos efforts marketing et identifiez ce qui fonctionne le mieux. Ajustez vos stratégies en conséquence.
13. **Évolution Continue** : Restez flexible et adaptez-vous aux changements dans le marché et aux retours de vos clients. Évoluez avec leurs besoins.

En adoptant une approche simple et en mettant l'accent sur la compréhension, la communication claire et la satisfaction du client, vous pouvez progressivement construire une clientèle fidèle et engagée au Japon.

6. Cas d'Études et Témoignage :

1 Histoires de réussite et d'échec

"Dans le voyage entrepreneurial de Japanzon Co Ltd, nous avons rencontré des sommets exaltants et des creux profonds, mais chaque étape a contribué à façonner notre chemin vers la croissance et le succès au Japon.

L'un de nos moments marquants a été l'ouverture de notre magasin physique à Asakusa, un quartier historique et culturellement riche de Tokyo. Cette étape a nécessité des mois de planification minutieuse et d'efforts coordonnés. Les débuts n'ont pas été sans défis, mais notre engagement envers la simplicité et l'authenticité a guidé nos choix à chaque étape. L'ouverture du magasin a été célébrée avec enthousiasme par la communauté locale, et cela nous a montré l'importance de comprendre les besoins uniques de nos clients dans différentes régions.

Un autre moment mémorable a été la création de Rose-Kaori.com, une plateforme dédiée à la beauté et au bien-être. Au début, nous avons fait face à des défis considérables pour établir notre présence dans un marché compétitif. Cependant, avec une vision claire et une détermination inébranlable, nous avons développé des partenariats solides avec des experts en cosmétiques japonais. Nous avons appris que la persévérance et l'engagement à offrir des produits de haute qualité sont essentiels pour gagner la confiance des clients. Aujourd'hui, les témoignages de nos clients satisfaits témoignent de la façon dont nos produits ont amélioré leur confiance en eux et leur bien-être.

Pourtant, il est important de reconnaître que chaque succès est le fruit de nombreux essais et erreurs. Nous avons également fait face à des échecs, comme le lancement initial de CookingSan.com. Nos premières approches n'ont pas résonné avec notre public cible autant que nous l'espérions. Cependant, ces moments d'incertitude nous ont incités à écouter nos clients, à ajuster notre stratégie et à repenser notre approche. Nous avons compris l'importance de comprendre profondément nos clients et d'offrir des solutions qui répondent vraiment à leurs besoins. Ce processus d'adaptation nous a aidés à redéfinir CookingSan.com en une source de recettes simples et délicieuses, gagnant ainsi la confiance de nos abonnés.

Ces histoires de réussite et d'échec témoignent de notre engagement à la simplicité et à l'authenticité dans tout ce que nous faisons. Nous croyons que chaque défi surmonté et chaque réussite célébrée sont des étapes cruciales vers une entreprise plus solide et plus connectée avec nos clients. En partageant ces histoires, nous espérons inspirer d'autres entrepreneurs à embrasser les hauts et les bas avec une détermination constante et une passion pour l'innovation."

2 : Leçons apprises :

"À travers notre parcours avec Japanzon Co Ltd, nous avons acquis des leçons précieuses qui ont façonné notre approche envers l'entrepreneuriat au Japon. Chaque succès et chaque échec ont été une occasion d'apprentissage qui a contribué à forger notre entreprise et à renforcer nos valeurs.

L'une des leçons les plus profondes que nous avons apprises est l'importance de la persévérance. Les défis auxquels nous avons fait face n'ont pas toujours été faciles à surmonter, mais nous avons découvert que la ténacité et la résilience sont essentielles pour réaliser nos objectifs. Les moments difficiles nous ont poussés à repenser nos stratégies, à explorer de nouvelles approches et à nous réinventer lorsque cela était nécessaire. Ces moments ont montré que chaque obstacle peut être une opportunité déguisée pour grandir et innover.

Une autre leçon clé que nous avons apprise est l'importance de l'écoute active de nos clients. L'échec initial de certains projets nous a rappelé que comprendre les besoins et les préférences de nos clients est essentiel pour offrir des solutions qui résonnent vraiment. En écoutant attentivement les retours de nos clients, nous avons pu apporter des ajustements significatifs à nos produits et services, créant ainsi une connexion plus profonde avec notre public.

La simplicité est également une leçon que nous avons apprise et que nous avons intégrée dans notre approche. À travers nos succès, nous avons constaté que la simplicité dans la communication, dans la conception de nos produits et dans l'expérience utilisateur est extrêmement précieuse pour nos clients. En simplifiant nos processus et en offrant des solutions claires et accessibles, nous avons renforcé la confiance de nos clients et simplifié leur interaction avec notre entreprise.

En fin de compte, chaque succès est un témoignage de notre engagement à offrir des produits et services de qualité, tandis que chaque échec nous rappelle l'importance de l'adaptation et de l'amélioration continue. Ces leçons forgent notre approche au quotidien et nous guident vers notre vision d'une entreprise prospère et connectée avec nos clients au Japon. En partageant ces leçons, nous espérons inspirer d'autres entrepreneurs à embrasser les hauts et les bas avec détermination et à croire en leur capacité à apprendre et à grandir."

6   Ressources et Outils

1   Sites web, livres, et contacts utiles :

Pour faciliter votre parcours entrepreneurial au Japon, nous avons rassemblé une liste de ressources précieuses, de livres inspirants et de contacts utiles. Ces éléments vous aideront à naviguer avec succès dans le marché japonais et à réaliser vos objectifs. Voici quelques recommandations :

Sites Web Utiles :

1. Chambre de Commerce et d'Industrie Franco-Japonaise (CCIFJ) : Cette chambre de commerce offre des informations commerciales, des événements et des ressources pour les entreprises françaises opérant au Japon.

2. Japan External Trade Organization (JETRO) : JETRO propose des informations sur les opportunités commerciales, les réglementations et les investissements au Japon.
3. Small and Medium Enterprise Agency (SMEA) : Le SMEA fournit des ressources et des programmes de soutien pour les petites et moyennes entreprises au Japon.

Livres Inspirants :

1. "Ikigai: The Japanese Secret to a Long and Happy Life" par Héctor García et Francesc Miralles : Ce livre explore les concepts japonais d'ikigai (la raison d'être) et de simplicité, offrant des perspectives sur la vie et les affaires.
2. "Japanese Business Culture and Practices: A Guide to Twenty-First Century Japanese Business" par Jon P. Alston : Ce livre offre un aperçu des pratiques commerciales et de la culture d'entreprise au Japon.

Contacts Utiles :

1. Japanzon Co Ltd - Contact : N'hésitez pas à nous contacter pour des conseils spécifiques sur l'entrepreneuriat au Japon ou pour des recommandations personnalisées.
2. Réseaux Sociaux : Suivez des entrepreneurs et des experts en affaires au Japon sur les réseaux sociaux tels que LinkedIn, Twitter et Instagram. Le partage d'expériences et de connaissances peut être inestimable.

Ces ressources, livres et contacts vous aideront à développer une compréhension solide du marché japonais, à naviguer dans les défis et à saisir les opportunités. Nous sommes ici pour vous soutenir dans votre voyage entrepreneurial au Japon, en mettant l'accent sur la simplicité et le succès."

2   Outils de gestion et logiciels :

"La gestion efficace de votre entreprise au Japon nécessite des outils et des logiciels qui simplifient les processus et vous permettent de rester concentré sur la croissance. Voici une sélection d'outils et de logiciels que nous recommandons pour vous aider à gérer vos opérations avec succès :

Gestion Financière :

1. **Xero** : Un logiciel de comptabilité en ligne convivial qui vous permet de suivre vos finances, de créer des factures et de gérer les dépenses.
2. **Zoho Books** : Une solution de comptabilité en ligne complète qui offre des fonctionnalités de facturation, de suivi des dépenses et de gestion des stocks.

Gestion de Projet et Collaboration :

1. **Trello** : Une plateforme de gestion de projet visuelle qui vous permet de planifier, organiser et suivre les tâches en toute simplicité.
2. **Asana** : Un outil de gestion de projet puissant qui facilite la collaboration en équipe, le suivi des tâches et la planification des projets.

Gestion de la Relation Client (CRM) :

1. **HubSpot** : Un CRM complet qui vous aide à suivre les interactions avec les clients, à gérer les ventes et à automatiser les communications.
2. **Salesforce** : Une solution CRM de premier plan qui offre une gamme complète de fonctionnalités pour la gestion des ventes et des relations clients.

Marketing en Ligne :

1. **MailChimp** : Une plateforme d'e-mail marketing conviviale pour créer et envoyer des campagnes de marketing ciblées.

2. **Hootsuite** : Un outil de gestion des réseaux sociaux qui vous permet de planifier et de gérer vos publications sur différentes plateformes.

Gestion des Ressources Humaines :

1. **BambooHR** : Un logiciel de gestion des ressources humaines qui facilite le suivi des employés, les congés et les performances.
2. **PayrollHero** : Un outil de gestion de la paie qui simplifie les processus de paie et de gestion des heures de travail.

Ces outils et logiciels ont été sélectionnés pour leur simplicité d'utilisation et leur efficacité dans la gestion quotidienne de votre entreprise. Ils peuvent vous aider à rationaliser vos opérations, à améliorer la collaboration en équipe et à mieux servir vos clients au Japon. Choisissez ceux qui correspondent le mieux à vos besoins et à votre vision d'une entreprise simplifiée et prospère."

9 Conclusion

"En conclusion, notre engagement envers la simplicité guide chaque aspect de notre approche entrepreneuriale au Japon. Chez Japanzon Co Ltd, nous croyons fermement que la simplicité est la clé pour surmonter les défis, saisir les opportunités et créer des relations durables avec nos clients. À travers nos histoires de réussite et d'échec, nous avons appris que chaque étape de notre parcours a contribué à façonner notre entreprise et à renforcer nos valeurs fondamentales.

Nous sommes convaincus que la réussite au Japon réside dans la compréhension profonde du marché, la flexibilité pour s'adapter aux besoins changeants et l'engagement envers la qualité et la simplicité. Nous avons exploré les nuances de la culture d'entreprise japonaise, nous avons établi des partenariats locaux précieux et nous avons utilisé des outils de gestion efficaces pour simplifier nos opérations.

Nous partageons ces enseignements et ces ressources pour aider d'autres entrepreneurs à naviguer avec succès dans le monde des affaires au Japon. Que vous débutiez votre parcours entrepreneurial ou que vous cherchiez à élargir vos horizons, nous croyons que la simplicité et l'engagement envers l'excellence sont les pierres angulaires du succès.

En fin de compte, notre objectif est de contribuer à la création d'entreprises prospères et résilientes qui bénéficient à nos clients, à nos partenaires et à la société dans son ensemble. Nous sommes déterminés à continuer d'apprendre, d'innover et de grandir avec vous dans cette aventure entrepreneuriale. Ensemble, nous pouvons embrasser les défis, célébrer les succès et construire un avenir de simplicité et de réussite sur le marché japonais."

1. **Planification et Recherche :** Une étude de marché approfondie est essentielle pour comprendre les besoins du public japonais et identifier les tendances du marché.
2. **Structure Légale :** Choisir la bonne structure juridique et respecter les réglementations fiscales et commerciales du Japon sont cruciaux.
3. **Localisation :** L'emplacement physique, comme l'ouverture du magasin à Asakusa, peut renforcer la connexion avec la communauté locale.
4. **Culture d'Entreprise :** Comprendre et respecter l'étiquette d'affaires, gérer les relations avec les partenaires, les clients et les employés japonais est essentiel.
5. **Langue :** L'adoption d'une communication claire et précise dans la langue locale est importante pour la connectivité.
6. **Marketing et Promotion :** Les stratégies de marketing adaptées au marché japonais, y compris l'utilisation des réseaux sociaux et de la publicité en ligne, sont essentielles pour atteindre le public cible.
7. **Partenariats Locaux :** Établir des partenariats avec des experts locaux peut fournir des connaissances et un soutien précieux.
8. **Finances :** Gérer la comptabilité, la fiscalité et explorer les subventions et les soutiens financiers est essentiel pour la stabilité financière.
9. **Recrutement :** Travailler avec des employés japonais nécessite une compréhension de la culture du travail locale.
10. **Adaptabilité :** Être ouvert à l'adaptation en fonction des besoins changeants du marché japonais.
11. **Histoires de Réussite et d'Échec :** Partager des histoires authentiques inspire, éduque et connecte avec le public, en montrant comment chaque succès et échec a façonné l'entreprise.
12. **Leçons Apprises :** Chaque défi surmonté et échec rencontré offre des leçons précieuses pour grandir et s'adapter.
13. **Ressources et Outils :** Fournir des ressources, des outils en ligne et des contacts utiles simplifie le parcours des entrepreneurs.

14. **Outils de Gestion et Logiciels :** L'utilisation d'outils de gestion, de logiciels et de technologies appropriés optimise l'efficacité opérationnelle.
15. **Conclusion :** La simplicité, l'engagement envers la qualité et la connexion avec le public sont les principes qui guident votre entreprise dans sa quête de succès au Japon.

Ce résumé reflète les discussions que nous avons eues et les conseils que nous avons partagés pour soutenir le succès continu de votre entreprise sur le marché japonais.

3   Encouragements pour les futurs entrepreneurs :

12. "À tous les futurs entrepreneurs qui envisagent de créer leur propre chemin au Japon, nous tenons à vous féliciter pour votre audace et votre détermination. Le monde de l'entrepreneuriat est rempli de défis passionnants, d'opportunités uniques et de découvertes inattendues. Alors que vous vous apprêtez à entamer ce voyage, nous aimerions vous offrir quelques mots d'encouragement :
13. Rappelez-vous que chaque obstacle est une opportunité déguisée pour grandir. Les défis ne sont pas des indicateurs de votre échec, mais plutôt des étapes nécessaires vers votre succès. Chaque leçon apprise, chaque erreur corrigée et chaque ajustement apporté vous rapprochent de vos objectifs.
14. Soyez ouverts à l'apprentissage constant. Le voyage entrepreneurial est une quête de découverte et d'innovation. Apprenez des autres, de vos échecs et de vos succès. Restez curieux, remettez en question les conventions et ne cessez jamais d'explorer de nouvelles façons de créer de la valeur.
15. La simplicité est une force. Dans un monde en constante évolution, simplifier vos objectifs, vos processus et vos

solutions peut vous aider à naviguer avec confiance. Lorsque les choses semblent complexes, revenez à l'essentiel et trouvez des moyens simples de résoudre les problèmes.

16. Célébrez chaque étape, qu'elle soit petite ou grande. Chaque petit pas en avant mérite d'être célébré. Les succès peuvent être aussi modestes qu'inspirants. Chaque succès renforce votre confiance et vous rappelle pourquoi vous avez entrepris ce voyage en premier lieu.

17. L'échec n'est pas final. Les moments d'échec font partie intégrante du parcours entrepreneurial. Ils sont des opportunités d'apprentissage qui vous rapprochent de la réalisation de vos rêves. Ne laissez pas la peur de l'échec vous empêcher de prendre des risques calculés et de suivre votre passion.

18. Nous croyons en votre capacité à innover, à résoudre des problèmes et à créer quelque chose de significatif. Votre désir de réussir est la force qui vous propulsera à travers les hauts et les bas. Quelle que soit la route que vous choisissez, sachez que votre détermination et votre persévérance sont les clés de votre succès.

19. Alors, foncez avec confiance, avec la simplicité comme votre guide, et faites de chaque pas une réalisation en soi. L'avenir appartient à ceux qui osent rêver, innover et agir. Bonne chance dans votre voyage entrepreneurial au Japon et au-delà !"

20. N'oubliez pas que chaque parcours est unique, et que votre détermination et votre passion vous guideront vers de grandes réalisations.

21. **Modèle de Contrat de Partenariat :** Si vous avez établi des partenariats avec d'autres entreprises, un modèle de contrat de partenariat peut être utile pour référence.
22. **Exemple de Facture :** Un exemple de facture peut illustrer comment vous facturez vos clients ou partenaires commerciaux.
23. **Modèle de Contrat de Travail :** Si vous avez des employés, un modèle de contrat de travail peut servir de référence pour les termes et conditions d'emploi.
24. **Plan de Communication :** Un modèle de plan de communication peut montrer comment vous avez organisé votre stratégie de communication, y compris les médias sociaux, les campagnes publicitaires, etc.
25. **Formulaire de Rétroaction Client :** Un formulaire de rétroaction client peut être utilisé pour collecter des commentaires précieux de vos clients.
26. **Plan de Formation pour Employés :** Si vous avez un plan de formation pour vos employés, un modèle peut montrer comment vous abordez la formation et le développement.
27. **Modèle de Politique de Confidentialité :** Si vous collectez des données personnelles, un modèle de politique de confidentialité peut vous aider à rester en conformité avec les règlements de protection des données.
28. **Exemple de Stratégie Marketing :** Un exemple de stratégie marketing peut montrer comment vous planifiez et exécutez vos initiatives de marketing.
29. **Exemple de Plan d'Affaires :** Si vous avez élaboré un plan d'affaires pour votre entreprise, vous pourriez inclure une version anonymisée en exemple.
30. **Modèle de Questionnaire d'Étude de Marché :** Si vous avez mené des études de marché, un modèle de questionnaire peut montrer comment vous avez collecté des informations auprès de votre public cible.

Ces modèles peuvent servir de base pour la création de vos propres documents personnalisés. Assurez-vous de les adapter à vos besoins spécifiques et de respecter toutes les réglementations et les normes pertinentes.

2 Glossaire :

Ce glossaire vise à clarifier certains termes clés utilisés dans notre présentation et notre dossier concernant notre approche entrepreneuriale au Japon. Nous croyons que la compréhension de ces termes contribuera à une meilleure appréciation de notre parcours et de nos stratégies. Voici quelques définitions pour vous guider :

- **Étude de Marché :** Une investigation approfondie menée pour comprendre les besoins, les préférences et les tendances du marché dans lequel notre entreprise opère.
- **Structure Légale :** Le cadre juridique choisi pour notre entreprise, définissant sa forme, ses responsabilités et ses obligations légales.
- **Localisation :** Notre décision de positionner notre entreprise dans des endroits stratégiques, tels que notre magasin à Asakusa, pour mieux atteindre notre public cible.
- **Culture d'Entreprise :** L'ensemble de valeurs, de croyances et de pratiques qui façonnent l'identité et la manière dont nous opérons en tant qu'entreprise.

- **Langue :** L'utilisation de la langue locale pour établir une communication efficace avec nos clients, partenaires et employés.
- **Marketing et Promotion :** Nos efforts pour accroître la notoriété de notre entreprise, attirer des clients et générer des ventes, à travers diverses stratégies telles que la publicité et les campagnes promotionnelles.
- **Partenariats Locaux :** Les collaborations avec des entreprises et des experts locaux, créant des synergies et apportant une expertise complémentaire.
- **Finances :** La gestion des aspects financiers de notre entreprise, y compris la comptabilité, la budgétisation et la gestion de la trésorerie.
- **Recrutement :** Le processus de sélection, d'embauche et de gestion des employés qui contribuent au succès de notre entreprise.
- **Adaptabilité :** Notre capacité à répondre aux changements rapides du marché, à s'ajuster aux besoins changeants et à saisir de nouvelles opportunités.
- **Histoires de Réussite et d'Échec :** Les récits de nos expériences passées qui ont façonné notre parcours et nous ont apporté des leçons essentielles.
- **Ressources et Outils :** Les supports, les logiciels et les partenariats que nous utilisons pour simplifier la gestion de notre entreprise et optimiser nos opérations.
- **Outils de Gestion et Logiciels :** Les applications et les programmes informatiques que nous avons adoptés pour faciliter la gestion de différents aspects de notre entreprise.

Nous espérons que ce glossaire clarifiera la signification de ces termes importants et vous permettra de mieux comprendre notre vision, notre approche et notre succès dans le paysage entrepreneurial au Japon.

31.